AF299767

DE

L'EXTINCTION DU CHOMAGE

OU

PLAN D'ORGANISATION D'UNE RÉUNION D'OUVRIERS

associés entre eux à l'effet de s'assurer mutuellement et
constamment de l'ouvrage, tout en respectant les bases
de la société, qui sont : la famille, la propriété
et l'héritage.

Par MARIE-JOSEPH.

Il n'y a que deux ou trois siècles, et dans
une partie de l'Europe seulement, que la
famille seule, isolée, et livrée à elle-même
dans l'État, est l'unique base de la société.

PARIS,

IMPRIMERIE GERDÈS, RUE SAINT-GERMAIN-DES-PRÉS, 10.

1849.

DE

L'EXTINCTION DU CHOMAGE.

Si l'on jugeait de la valeur des attaques dont le socialisme est l'objet, par le mérite des personnes qui l'ont combattu, on ne pourrait avoir qu'une bien triste opinion de cette science qui peut consolider l'ordre et régénérer le monde. Les esprits les plus éminents, des hommes ayant été à la tête des affaires publiques, des écrivains de premier ordre, l'ont tour à tour attaqué : c'est que tous ont cru que le socialisme ne pouvait s'établir que par l'abolition de la propriété individuelle, et conséquemment par le bouleversement de tout ce qui est. Cette erreur, la plus grande peut-être de toutes celles qui sont répandues aujourd'hui, ne peut s'expliquer que par une excessive préoccupation et une étude très-imparfaite de ce qu'ils ont cru combattre. Non, le socialisme, qui n'est que

l'organisation du travail, n'a pas besoin pour s'établir de rien
bouleverser, ni de rien détruire; lui seul peut, au contraire,
augmenter la fortune du riche, par cela même qu'il assure et
améliore la position de l'ouvrier (1); lui seul peut extirper la
mendicité; lui seul, bien mieux que la police et.l'armée, peut
rendre au pays ce calme sans lequel le gouvernement ne peut
peser dans les négociations diplomatiques, de toute la force
que doit avoir un État comme la France. Tous ces résultats,
qui ne sont que les conséquences de l'application d'un prin-
cipe vrai, sont niés et traités de charlatanisme : j'espère dé-
montrer tout ce que j'avance d'une manière invincible.

On dit : Le socialisme réduirait les hommes à l'état de ma-
chines, en les privant de toute liberté. Le chapitre qui traite
du règlement montrera que, tout en garantissant les droits et
les intérêts de l'association, la liberté de chacun sera aussi
grande qu'il est possible de la concevoir. On ajoute encore :
Ce que vous proposez est contre les lois de la nature; jamais
rien de comparable à ce que vous voulez établir n'a existé;
vous ne réussirez pas, vous ne pouvez pas réussir. Ici je répé-
terai ce qui est écrit en tête de cet ouvrage : l'association que

(1) De quoi se composent la plupart des fortunes? De maisons qu'on loue,
de fabriques qu'on exploite, de capitaux qu'on met dans le commerce. Eh
bien! lorsqu'une partie de la classe ouvrière ne travaille pas, non-seule-
ment elle ne peut payer son loyer, mais les marchandises dont elle use or-
dinairement, n'ayant plus de débouchés, les fabriques et les magasins qui
les font ou les vendent sont momentanément encombrés. Les fabricants
sont obligés à leur tour de renvoyer leurs ouvriers; ceux-ci, privés de travail, cessent d'être consommateurs. Les marchands se ruinent, s'ils sont
riches, ou font banqueroute, s'ils ont besoin d'une vente régulière pour
maintenir leur commerce. J'ai vu des industriels dont les bénéfices annuels
atteignaient 12,000 fr., qu'un chômage mettait à la gêne, et qui ne pou-
vaient se soutenir que par le crédit! Puisque toutes les parties de la nation
concourent au bien-être des unes des autres, cherchons donc à trouver constamment de l'ouvrage à la partie du peuple qui vit du travail de chaque
jour.

je propose doit s'établir en conservant les lois immuables de la propriété, de la famille et de l'héritage.

Mais il n'y a que deux ou trois siècles, et dans une partie de l'Europe seulement, que la famille seule, isolée, livrée à elle-même dans l'État, est l'unique base de la société : depuis les temps les plus reculés, dans l'ancienne Rome, en Germanie, en Gaule, actuellement encore dans une grande partie de l'Europe, la famille n'est pas le seul élément de la société. En dehors des lois qui la régissent et la rattachent à l'État, il y a agglomération de plusieurs familles autour d'un individu, d'un chef; agglomération qui a eu bien des origines différentes, selon les circonstances et les pays : ici par l'extension d'une première famille, ailleurs par la conquête, tantôt par la réunion volontaire d'individus autour d'un chef ou d'une famille pour en obtenir protection. Dire les différentes conditions de cette société, serait faire l'histoire de l'humanité : ici purement esclave, que l'on vend ou que l'on tue sans contrôle; là seulement vassale, n'étant tenue qu'à des redevances et au service militaire; ailleurs attachée à la terre, sans laquelle on ne peut la vendre. Enfin, toutes les combinaisons que l'esprit humain peut concevoir, ont été réalisées, soit dans un pays, soit dans un autre, et toujours légalement, toujours consacrées par les lois, comme formant la base de la société. Il y a plus, au viiie siècle, tandis que cette organisation existait et grandissait, la famille elle-même était très-mal réglée, et Charlemagne travailla à en fortifier les liens.

Ces différents modes d'organisation ont tous été plus ou moins vexatoires; ils tournaient bien plus au profit du chef qu'à celui des classes asservies; mais par cela seul que celles-ci étaient une cause de richesse et de force pour ceux qui dominaient, il était de l'intérêt des chefs de ménager et de protéger ceux dont ils tiraient leur puissance.

L'on n'a été frappé que de ce qu'il y avait d'injuste et de tyrannique dans cette organisation de la société par agglomération de familles autour d'un chef; et l'instinct de l'homme a été porté à le détruire ou à s'en séparer, ne sachant pas le modifier, le réformer; mais cette organisation n'était injuste et tyrannique pour les masses que parce qu'elle était sans garantie pour ces dernières; aussi ce ne sont pas les mêmes principes qui doivent régir à l'avenir les sociétés formées par agglomération. Elles étaient perpétuelles, elles seront temporaires et volontaires; elles étaient sans garantie pour les masses, et au profit des chefs; elles seront au profit de tous, et les intérêts de tous seront respectés. Aussi, voyez maintenant, malgré tout ce que la charité publique peut imaginer, malgré ce qu'un gouvernement composé d'hommes capables, honnêtes, sincères, essaie de faire, le pays, partagé en deux camps, s'accusant mutuellement de maux dont personne n'est l'auteur, et subissant les conséquences d'une situation que personne n'a fait naître, et qui peut cependant perdre notre pays. Eh bien! le socialisme, par l'organisation du travail, peut tout réparer; le chômage cessant, le calme rentrera dans les esprits; et le travail, assuré pour toujours à la classe ouvrière, lui donnera le bien-être.

Mais des millions de voix vont s'écrier : On ne travaille pas, parce que la confiance est perdue; et c'est vous, socialistes, qui l'avez fait fuir. Non, si l'on ne travaille pas, la cause n'en est pas aux socialistes; ils ont révélé le mal, ils ne l'ont pas fait naître. Le manque de confiance vient de l'absence totale d'organisation dans notre société, sous le point de vue industriel.

Quel rapport y a-t-il d'ailleurs entre la confiance et les besoins de l'espèce humaine? Je n'en vois pas, et je défie le plus habile homme du monde d'en voir aucun. Les causes véritables du travail sont : les matières premières à faire naître ou à recueillir, les bras pour se les procurer et les approprier à nos différents besoins, la population tout entière pour les consommer. Ces causes, qui sont les seules véritables, ne sont-elles pas incessantes? A une moisson récoltée, n'en succède-t-il pas une autre? La laine cesse-t-elle de pousser sur le dos des moutons? Serait-ce donc que les besoins des populations sont tellement satisfaits, que les ouvriers n'ont plus qu'à se reposer et à jouir du fruit de leurs travaux? Eh! les malheureux, ne les a-t-on pas vus bien des fois déjà aller jusqu'à l'émeute pour obtenir un peu de travail! C'est qu'on manque de consommateurs, direz-vous; mais l'ouvrier lui-même est un consommateur; il ne cesse de l'être que lorsque le travail lui manque. Et s'il faut un argument que personne n'osera réfuter, c'est l'Angleterre qui le fournira. Ce pays-là, je pense, ne manque pas de débouchés : tout le monde sait quel immense commerce il possède; y a-t-il pourtant un pays où la misère soit plus terrible? Le paupérisme chez elle est en quelque sorte organisé : il a son impôt, impôt qui va toujours en augmentant dans des proportions énormes. Cet exemple que nous fournissent nos voisins d'outre-Manche, est-il assez convaincant? Ne prouve-t-il pas jusqu'à la dernière évidence que le travail, quelque grand qu'il puisse être, ne peut rien pour faire cesser la misère d'un peuple sans l'organisation? En dehors de cette raison, comment expliquer ces crises terribles du chômage de tout un peuple, situation presque aussi pénible pour le riche que pour le pauvre? Pourquoi, au milieu de l'abondance en toutes choses, cette excessive misère? Pourquoi ces magasins encombrés et ces populations en haillons? Sortez de chez vous, regardez au hasard, vos yeux rencontreront des femmes d'ouvriers marchant par groupes, traînant leurs enfants de porte en porte. Un tel état de choses n'est-il pas la preuve que notre ordre social est mauvais, puisque rien ne manque à notre pays de ce qui fait la force et la prospérité d'un grand peuple?

Supposons un instant que trois individus, dont le premier est boulanger, le second épicier, le troisième boucher, conviennent par écrit que chacun d'eux se fournira chez les deux autres de ce qui concerne leur état, d'après un prix convenu, le prix de revient par exemple : n'est-il pas hors de doute, pour les plus incrédules, que ces trois marchands seront, à l'égard les uns des autres, dans une sécurité complète, lors même qu'autour d'eux se produirait un malaise général. Mais comme une association de trois personnes n'est pas assez grande pour donner constamment de l'occupation à chacun des membres qui la composent, supposons-la plus nombreuse; supposons, en outre, que, parmi les différents états dont elle est formée, une ou deux industries produisent un excédant de marchandises avec lequel l'association se procurera les objets dont elle a besoin et qu'elle ne fabrique pas; il est évident que la confiance que j'ai démontré devoir exister entre ces trois associés que j'ai pris pour exemple, devra se continuer ici par la même raison d'engagement réciproque.

Mais l'engagement de se donner mutuellement l'ouvrage que nos besoins occasionnent, n'est que la première moitié du système d'association; elle est suffisante pour empêcher le manque de confiance, mais non pour parer à toutes les éventualités. En effet, il pourrait arriver un sinistre, une mauvaise récolte, un renchérissement sur un des objets que l'association ne produit pas, et la ruine d'un associé pourrait, dans certains cas, entraver tous les autres; aussi, outre l'engagement de se procurer réciproquement de l'ouvrage, il y a, dans le système que je propose, assurance mutuelle pour tous les cas possibles, et cela en raison du gain de chaque ouvrier. Ainsi, des deux seules causes de chômage qui existent, le manque de matières premières et le manque de confiance, la première est considérablement atténuée par la solidarité des différentes industries qui composent l'association, et la seconde, le manque de confiance, cette plaie de notre époque, ce mal factice qui vient de la mauvaise organisation de la société dans laquelle nous sommes, disparaît par l'association.

La fortune de l'ouvrier, c'est le travail : dès qu'il en est privé, ses moyens d'existence cessent; et lorsque le chômage frappe un grand nombre de travailleurs, et se prolonge quelque temps, l'ordre public, malgré les secours que la prévoyance et l'humanité font naître, se trouve à chaque instant compromis. Si une pareille situation est dangereuse pour toute espèce de gouvernement, elle l'est bien plus encore pour une république démocratique. En effet, pour des esprits peu éclairés, n'y a-t-il pas, en apparence, quelque chose de contradictoire dans ces paroles : Je fais partie du corps souverain; par mon vote, je concours à ce qui fait la gloire et la fortune de mon pays, et, chez moi, règne la misère. Un état de choses qui fait naître de telles pensées dans l'esprit d'une grande partie de la nation est dangereux; car, si l'on y réfléchit, de tous les gouvernements, celui qui demande le plus d'ordre, c'est le gouvernement républicain; il n'existe que par le respect de chacun pour la volonté de la majorité. Aussi, ne saurait-on trop le répéter : *Sans ordre, pas de liberté; sans pain pour les travailleurs, pas d'ordre possible.*

Dans le plan d'organisation que je propose, je n'associe entre eux que des ouvriers, et je laisse les propriétaires dans la même position sociale que celle qu'ils occupent maintenant. Ce qui doit déterminer en faveur de cette association, c'est qu'il fait atteindre le but que tout socialiste se propose, qui est l'amélioration matérielle et morale des classes ouvrières, sans attaquer en aucune façon les droits de ceux qui possèdent. Ce projet ne pourra, si on le met à exécution, alarmer personne, ni pour le présent, ni pour l'avenir; de plus, il est facile de le mettre en pratique, puisqu'il ne s'agira que de louer des terres et de se procurer quelques capitaux (1) dont la lo-

(1) Je n'ai pas voulu associer le capital avec le travail; non pas que je croie la chose mauvaise en elle-même, mais je pense que ce système est d'une application moins facile. D'ailleurs le capital est très-craintif de sa

cation et l'emprunt seraient hypothéqués sur les récoltes et
les produits, garantie aussi certaine que celle que procurent
les baux faits entre propriétaires et fermiers (1).

De l'association.

Il y a dans l'association deux parties distinctes, toutes deux
indispensables, et qu'il faut bien étudier pour comprendre
comment on peut arriver à l'extinction du chômage. La première, c'est que tout ouvrier, après avoir librement débattu
les conditions de son admission dans la société, s'engage, par
cela même qu'il fait partie d'une association dont le but est
d'assurer du travail à tous ses membres, à ne rien acheter
qui ne sorte directement des magasins de l'association, moyen-
nant des prix fixés à l'avance; la seconde, c'est que toutes les
industries associées sont solidaires, c'est-à-dire que, si une
mauvaise récolte arrive, s'il y a renchérissement sur des objets que l'association ne produit pas, si un sinistre frappe une
ou plusieurs industries, chacun des associés supporte une
partie de la perte en raison de son gain. On voit que ceci est
une assurance mutuelle appliquée à toutes les industries qui
composent l'association.

Des rapports de chaque individu avec l'association.

La position de tout individu faisant partie de l'association

nature, et il sera plus aisé de se le procurer à un taux fixe en offrant des
garanties, que de l'obtenir d'un capitaliste en lui disant : Vous aurez beaucoup si *l'association gagne beaucoup, et peu, si elle gagne peu.*
(1) On verra dans le chapitre qui traite des livres de comptes combien
le placement de l'argent que l'on mettrait dans ces entreprises offrirait de
garanties certaines.

doit être envisagée sous ces trois aspects : comme ouvrier, comme associé, et comme consommateur. Comme *ouvrier*, il est payé d'après un prix convenu, selon le mérite qu'on lui reconnaît, soit à la journée, soit à la façon, ainsi que la nature de l'ouvrage l'exige : c'est la valeur d'argent que ce travail représente, qui est sa mise de fonds dans l'association; comme *associé*, il participe aux bénéfices ou aux pertes de toute espèce que l'association peut faire dans ses relations commerciales, soit en France, soit à l'étranger; comme *consommateur*, tous les objets qu'il achète doivent avoir leur prix fixé à l'avance et indiqué d'une manière visible par un chiffre connu de tous.

Du mode de rétribution employé pour ne gêner en rien la liberté de l'ouvrier.

Comme il peut arriver que, volontairement ou involontairement, un ouvrier travaille plus dans un mois que dans un autre; d'un autre côté, comme il serait injuste de ne pas rétribuer davantage celui qui aura beaucoup travaillé que celui qui n'aurait rien fait ou qui aurait fait peu de chose, on déterminera, à la fin de chaque mois, d'après le relevé du travail, la somme que chaque ouvrier aura gagnée, et lorsque les produits de ce même mois auront été vendus, l'argent résultant de la vente sera partagé proportionnellement à la somme que le relevé aura indiquée pour chaque associé. Supposons, par exemple, que trois associés aient gagné, dans un mois, le premier 35 francs, le second 30, et le troisième 25, et que la vente de leur ouvrage ait produit 100 francs : ils auront 10 fr. de bénéfice à se partager entre eux, proportionnellement à leur gain du mois, c'est-à-dire dans les proportions de 7 dix-huitièmes pour le premier, de 6 dix-huitièmes pour le second, et de 5 dix-huitièmes pour le dernier. Si, au contraire, leurs produits n'ont été vendus que 80 francs, ce sera 10 francs de perte à répartir entre eux dans la même proportion.

Des livres de comptes, et du système employé pour donner aux ouvriers qui n'ont aucune avance, les moyens de vivre en attendant que leur ouvrage soit vendu, et le produit partagé.

Chaque ouvrier est porteur d'un livret sur lequel il écrit ou fait écrire et l'ouvrage qu'il a fait et les objets dont il a besoin pour lui et sa famille. A la fin de chaque semaine, ce livret est remis au régisseur, qui fait le relevé des comptes et établit la situation de chacun vis-à-vis de la société. Ces livrets se contrôlent les uns par les autres, puisque ce qui est écrit sur le livret de l'un, comme *ayant reçu*, est marqué sur le livret de l'autre comme *ayant fait* ou *donné*. Si quelque difficulté survient, on en réfère au comité, qui juge lui-même ou qui nomme des arbitres. Ainsi, par le crédit mutuel de l'association et du travailleur, garanti par le travail de chacun, l'ouvrier qui ne possède aucun argent comptant pourvoit aux besoins de sa famille, aux siens, sans courir ni faire courir la moindre chance de perte.

Mais ce système de crédit si simple, si naturel, puisque c'est le prix du pain de chaque jour garanti par le travail de chaque jour, ce système ne peut s'appliquer qu'avec l'association, qu'avec l'organisation du TRAVAIL.

Dans le cas où un ouvrier s'endetterait constamment envers l'association, le régisseur en informera le comité, qui sera appelé à juger des motifs de ce surcroît de dépenses, et, lorsque l'ouvrier en aura expliqué les causes, le comité prendra une résolution : ou il continuera les avances pendant quelque temps encore, ou il les restreindra jusqu'à ce que l'ouvrier se soit acquitté.

Des avantages de l'association pour l'ouvrier et pour le pays.

Les avantages matériels que l'ouvrier trouvera dans l'association sont au nombre de trois : 1° il aura toujours de l'ouvrage; 2° il se procurera tous les objets dont lui et sa famille auront besoin, au prix de revient, pour les choses provenant de l'association, et au prix d'achat, si les objets ne sont pas fabriqués par elle; 3° il aura son salaire augmenté des bénéfices que les patrons font sur leurs ouvriers dans les établissements tels qu'ils existent aujourd'hui. Mais il est un avantage bien plus grand pour lui, et qui résulte de l'association elle-même, c'est la tranquillité d'esprit dont il jouira, quand, assuré d'avoir toujours de l'ouvrage, il n'appréhendera plus de voir ses enfants réduits à mendier leur pain.

Il ne sera plus nécessaire alors d'inventer des noms pompeux pour déguiser l'aumône (1). On pourra, et sans avoir besoin de recourir aux deniers de l'État, fonder une caisse de secours pour les vieillards, les malades et les orphelins; car il est aussi facile de prélever une petite somme sur le salaire des ouvriers dont le travail est assuré pour toujours, que cela est difficile lorsque de longs chômages viennent les forcer de vendre jusqu'à leurs effets pour se procurer du pain.

Tous les hommes sincères sont d'accord sur ce point : c'est que l'égoïsme est grand à notre époque. Cette disposition de chacun à chercher son bien-être en dehors de ce qui peut être bon ou mauvais pour ses concitoyens pourrait être, dans un moment où il faudrait un effort commun, une cause de ruine, de destruction, pour notre patrie. Qui ne voit que, *par l'association*, les intérêts convergeant vers un même but,

(1) Ateliers nationaux.

l'égoïsme, qui était une cause de faiblesse *par l'isolement,* devient une cause de force, et cela en raison de notre égoïsme même.

PROJET DE RÈGLEMENT.

L'administration est confiée à un régisseur, aidé d'un conseil ou comité.

—

Le régisseur seul est payé pour ses fonctions.

—

Le comité est nommé par tous les membres de l'association : ses fonctions sont gratuites.

—

Le comité ne se réunit jamais qu'après la journée finie, pour ne pas gêner le travail des ouvriers qui le composent.

—

Le dimanche est le seul jour où le comité pourra, dans les cas urgents, être convoqué dans la journée, et seulement aux heures autres que celles du service divin, afin de ne gêner personne dans l'accomplissement de ses devoirs religieux.

—

Autant que possible, le comité sera composé des membres de chaque état. Le nombre des personnes formant le comité sera réglé par l'association lors de sa formation; il pourra être augmenté ou diminué, selon que l'expérience en démontrera l'utilité.

—

Le régisseur ne peut prendre aucune mesure définitive sans l'approbation du comité.

—

Le régisseur fait exécuter ce qui a été décidé par le comité.

—

Dans le cas d'empêchement, le régisseur pourra être remplacé par une personne choisie par le comité.

—

En dehors des séances, les membres du comité n'ont aucun autre droit que celui de tous les autres membres de l'association.

—

Lorsqu'il s'agira de ventes ou d'achats un peu considérables, deux individus, désignés par le sort entre tous les membres de l'association, seront joints au régisseur (1).

—

Chaque ouvrier est payé soit à la journée, soit à la façon, selon la nature de l'ouvrage qu'il fait.

—

Lors de son entrée dans l'association, chaque ouvrier convient du prix auquel il travaille.

—

S'il y a contestation entre l'ouvrier et le consommateur, le comité nomme des experts, qui décident si l'ouvrage est convenable ou s'il doit rester au compte de celui qui l'a fait.

—

Aucun ouvrier ne travaille pour son propre compte; il travaille toujours au compte de l'association.

(1) Ce n'est pas seulement pour se garantir contre l'improbité possible du régisseur que deux personnes lui sont adjointes : cette disposition est, au contraire, prise dans l'intérêt même du régisseur ou de son remplaçant. En effet, le comité et le régisseur, étant choisis par tous les ouvriers associés, il est évident que, s'ils croyaient à l'improbité de l'un d'eux, ils ne le revêtiraient d'aucune fonction. Mais comme il serait pénible pour un honnête homme d'être soupçonné, ne fût-ce que par un seul individu, l'adjonction de deux personnes désignées par le sort rend tout soupçon impossible.

Si un membre de l'association veut s'en séparer avant l'expiration du temps pour lequel il s'est associé, il sera obligé de se faire remplacer par un ouvrier du même état; il faudra, de plus, que le remplaçant soit accepté par l'association.

Dans le cas où l'association, par une cause ou par une autre, soit maladie, soit décès, viendrait à perdre un ou plusieurs de ses membres, s'il ne se présente personne pour faire partie de l'association, ou s'il se présente quelqu'un qui ne convienne pas, on pourra remplacer les membres manquants par des ouvriers que l'on s'adjoindra pour un temps plus ou moins long, et qui seront payés comme le sont actuellement les travailleurs dont on a besoin.

C'est le comité qui fixe le prix des objets, et ce prix, ainsi qu'il a été dit plus haut, doit être indiqué par un chiffre visible et connu de tous.

De la mise en pratique.

Si le projet que j'explique ici est approuvé par un certain nombre d'ouvriers, et s'ils veulent essayer de le mettre en pratique, voici ce qu'ils devront faire : Ils loueront une ou plusieurs pièces de terre dont la superficie sera suffisante pour produire, année commune, les grains et les substances nécessaires à l'alimentation des ouvriers associés, et à celle des bestiaux dont l'association aura besoin pour la culture et l'engrais des terres; puis on établira le nombre des travailleurs qu'exigeront la culture, le battage des grains, les travaux des écuries, de la basse-cour et des jardins. Il sera fait ensuite un travail analogue pour chacun des métiers dont sera formée l'association.

Ainsi on estimera combien (le travail étant évalué à raison de dix heures par jour et de six jours par semaine) il faudra de cordonniers pour chausser soixante familles (1), combien il faudra de tisserands, de tailleurs, de charrons, de maréchaux, de boulangers pour les différents besoins de l'association (2). Comme, dans une association de soixante familles, il n'est pas possible de réunir toutes les industries (la fabrication du fer et de plusieurs autres produits, par exemple, tient à la nature du sol ou à la différence de climat), il faudra que, parmi les diverses industries dont l'association se compose, elle en choisisse une, ou plusieurs, auxquelles elle fera produire un excédant de marchandises, avec lequel elle se procurera les objets qu'elle ne produit pas, ainsi que l'argent nécessaire au paiement du loyer des terres et des intérêts du capital emprunté. Ce que j'ai dit sur la comptabilité montre qu'il est très-facile d'apprécier l'état des finances de la société. Cette facilité de se rendre compte de sa situation financière doit aider beaucoup à la réalisation du système que je propose; car on pourrait adopter comme condition du marché passé avec le capitaliste, que les livres de la société lui seront communiqués une, deux, ou trois fois par an.

Qu'on ne croie pas que les associations que je propose ne puissent avoir lieu qu'avec l'agriculture pour base de chacune d'elles, et qu'il faille par conséquent, pour les fonder,

(1) J'ai pris un nombre assez faible, afin de rendre l'administration plus facile au commencement.

(2) Ce calcul, s'il n'était pas très-exact au commencement de l'association, ne serait pas une entrave à sa marche, parce que les produits qui ne seraient pas consommés par l'association seraient vendus au dehors et à son bénéfice. On n'a qu'à se rappeler ce que j'ai dit en m'occupant du cas où l'association manquerait accidentellement d'un ouvrier; on le remplacerait par un autre, pris en dehors de l'association, momentanément, à titre d'auxiliaire et non d'associé.

quitter toutes les villes. Une telle condition d'existence démontrerait l'impossibilité de ce système, pour le présent du moins. J'ai démontré (et il n'en était pas besoin) que toutes les industries ne peuvent se trouver réunies dans une seule association: du moment donc que quelques associations se seront formées à la campagne, il suffira que les associations des villes établissent des relations avec celles de la campagne, pour que, par l'échange, elles se procurent tout ce qui manque, à chacune d'elles.

Observation sur quelques objections qu'on a faites aux socialistes.

Des personnes très-honorables sont portées à croire que cet ordre de choses tournerait plus au profit des chefs dirigeants que des administrés : il est évident que cette objection n'est pas sérieuse; car, dans toute entreprise, on peut être bien ou mal administré, selon que les chefs sont tout-puissants ou sont eux-mêmes soumis au règlement. Il est clair que l'association dont j'ai essayé de décrire le mécanisme pourrait être gouvernée despotiquement et sans contrôle, avec un gros état-major, ou libéralement et à peu de frais, ainsi que j'ai démontré qu'on pouvait le faire.

D'autres personnes disent encore aux socialistes : Vous n'êtes pas même d'accord entre vous; n'ayez au moins qu'un seul système. Ceux qui parlent ainsi croient nous faire une bien forte objection; de combien de railleries ne nous accableraient-ils pas si nous leur disions : La religion chrétienne ne vaut rien, car elle est différemment enseignée; un très-grand nombre de communions la divisent. La royauté est une institution mauvaise, car il y en a de plusieurs sortes : dirons-nous donc que dans aucun temps, dans aucun pays, les monarchies n'ont été utiles à la société, qu'aucune d'elles n'a ni force, ni prospérité? Oh! nos adversaires ne veulent pas, bien certainement, qu'on tire cette conséquence de leur critique! Et les républiques? croient-ils donc que la république romaine, qui conquit le monde connu d'alors et lui donna sa civilisation, ressemble beaucoup à la république des États-Unis d'Amérique? Arrêtons-nous; c'est assez pour convaincre d'erreur nos adversaires, que de répéter leurs arguments.

Il y a plusieurs systèmes d'association, et plusieurs existeront dans l'avenir, dû moins je le pense, parce que la nature humaine est ainsi faite, que ce qui convient à l'esprit de l'un ne convient pas à l'esprit de l'autre, et que la société est faite à l'image de l'esprit de l'homme. Aussi, quoique les systèmes sociaux se divisent, lorsqu'il s'agit de l'application, ils sont d'accord sur les vérités qui leur servent de bases, et ces vérités sont : *La nécessité d'organiser* le travail, et *la liberté* dans l'association. Je crois donc qu'il pourra exister plusieurs systèmes d'association; mais je crois encore que l'association elle-même ne sera qu'un des éléments de la société.

De même que dans l'antiquité, au moyen âge, tandis qu'une partie de la société était formée par agglomérations de familles, il existait à côté d'elle, dans le même pays, des habitants qui vivaient en dehors de ce système; de même, si l'agglomération libre s'établit, il y aura toujours des personnes qui préféreront vivre, et qui vivront étrangères à cette organisation. Mais, pour que l'association réalise tout le bien qu'elle peut faire, il suffit que l'ouvrier sans ouvrage trouve par elle le travail dont il a besoin.

Oui, le malheur de notre époque, c'est qu'un des principaux éléments de la société a disparu, *l'agglomération des familles*. Cet élément, aussi vieux que le monde, doit revivre, ou c'en est fait de notre pays! Sans lui, l'ouvrier des villes et des campagnes sera toujours à la merci des agitateurs de tous les partis, blancs, régentistes, ou rouges; mais il faut que cet élément revive avec les conditions de notre civilisation et de notre temps. La liberté d'association et la liberté dans l'association, c'est-à-dire la liberté pour tous, tel doit être le signe distinctif de *l'agglomération* dans les temps présents, d'avec *l'agglomération* dans les temps anciens. En dehors de cette organisation, qui, loin de rien bouleverser, consolide tout ce qui existe, famille, propriété, héritage, l'État s'épuisera en efforts inutiles. Pour ramener la confiance, aux cinq cent mille soldats que nous avons, vous en ajouteriez cinq cent mille autres, que vous seriez encore sur le qui-vive, que vous seriez encore à la veille des révolutions.